창의력 시크릿

창의력 시크릿

발행일   2018년 5월 23일

지은이   송지호, 김정엽
펴낸이   손형국
펴낸곳   (주)북랩
편집인   선일영   편집   오경진, 권혁신, 최예은, 최승헌, 김경무
디자인   이현수, 김민하, 한수희, 김윤주, 허지혜   제작   박기성, 황동현, 구성우, 정성배
마케팅   김회란, 박진관
출판등록   2004. 12. 1(제2012-000051호)
주소   서울시 금천구 가산디지털 1로 168, 우림라이온스밸리 B동 B113, 114호
홈페이지   www.book.co.kr
전화번호   (02)2026-5777   팩스   (02)2026-5747

ISBN   979-11-6299-126-8 03190 (종이책)   979-11-6299-127-5 05190 (전자책)

이 도서의 국립중앙도서관 출판예정도서목록(CIP)은 서지정보유통지원시스템 홈페이지(http://seoji.nl.go.kr)와 국가
자료공동목록시스템(http://www.nl.go.kr/kolisnet)에서 이용하실 수 있습니다.
(CIP제어번호 : CIP2018015292)

(주)북랩 성공출판의 파트너
북랩 홈페이지와 패밀리 사이트에서 다양한 출판 솔루션을 만나 보세요!
홈페이지 book.co.kr • **블로그** blog.naver.com/essaybook • **원고모집** book@book.co.kr

창의력 시크릿

송지호 · 김정엽 지음

다르게 생각하지 않으면 늘 똑같은 결론에 도달한다
이 생각 하나로 스티브 잡스는 세상을 바꿨고 아르키메데스는 욕조에서 유레카를 외쳤다!

북랩 book Lab

차례 CONTENTS

─────

이 책은 저자의 한 사람이 카이스트(KAIST) 기계과에서 대학원, 특히 박사과정 학생을 대상으로 개설했던 '연구방법론' 과목의 강의 내용 중 창의성과 관련된 부분을, 전공을 선택하기 전인 카이스트 대학 1, 2학년 학생들에게 알기 쉽게 1시간 30분씩 두 번에 걸쳐 강의했던 내용을 묶은 것이다. 일반 독자들도 이해하기 쉽게, 그리고 편한 마음으로 특히 매우 짧은 시간 내에 읽을 수 있도록 가능한 한 세세한 설명들은 생략해 간추렸다. 강연에서 발표하고 있는 파워포인트(PPT) 슬라이드를 그저 한 장 한 장 홀쩍홀쩍 넘겨 보는 것 같이 책장을 넘기면 좋을 것이다. 읽는 데 50분이면 족하다.

고마우신 분들

본문 중에는 MBC 드라마의 일부 대사 내용을 인용하고 있다. 그 무료 이용을 흔쾌히 허락해 주신 작가 진수완님과 이에 힘써주신 한국방송작가협회 저작권관리1팀 차은비님께 깊이 감사드린다. 또한 출판과 관련하여 신속하게 적극적으로 화답해 주신 출판사 ㈜북랩의 본부장 김회란님, 신속하고 세심한 편집에 힘써 주신 편집팀 과장 오경진님께 감사드리며, 아울러 손형국 대표님께도 사의를 표한다.

2018. 5.

송지호, 김정엽

창의성과
창조성

조금 이전만 하더라도 (무언가 피부에 잘 와 닿지 않는) 창조경제! 창조경제! 하면서 창의성! 창의성! 하더니, 요새는 제4차 산업혁명! 제4차 산업혁명! 빅데이터! AI!(인공 지능) 요란하고, 이제부터는 창의인재가 아니면 다 죽을 것 같고, 창의교육, 발명교육하면서, 학생이나 학부모에게 뭔가 불안감만 불어넣고 고조시키는 듯한,

이제 창의성 없이는 못 사는 세상?

그런데 창조경제 이전에도,
제4차 산업혁명 이전에도 모든 것에

창의성! 창의성! 하고 있었다

카이스트 대학원 학생들의 창의성 콤플렉스

그래서 2012년 강의 듣던
대학원 학생 22명에게 물어봤다

나는 창의성이 있는 것일까?

☐ 풍부하다 (0) ☐ 그저 그렇다 (11) ☐ 별로다 (8) ☐ 없는 것 같다 (3)

한국사람은 창의성이 풍부한가?

☐ 풍부하다 (0) ☐ 그저 그렇다 (17) ☐ 별로다 (5) ☐ 없는 것 같다 (0)

결론은
자신이나 한국사람이 창의성이
풍부하다 생각하는 학생이
하나도 없다.
자신들이 한국사람 평균보다
창의성이 없다?

다시 2016년 강의 듣던
대학원 학생 62명에게
답의 항목을 좀 늘려 물어봤다.
56명이 답했다.

나는 창의성이 있는 것일까?

□ 매우 풍부하다 (0) □ 있는 편이다 (25) □ 별로다 (16)

□ 잘 모르겠다 (10) □ 없는 것 같다 (4) □ 매우 부족하다 (1)

한국사람은 창의성이 풍부한가?

□ 매우 풍부하다 (3) □ 있는 편이다 (21) □ 별로다 (20)

□ 잘 모르겠다 (6) □ 없는 것 같다 (5) □ 매우 부족하다 (1)

결론은
자신이 창의성이 풍부하다
생각하는 학생이 없다.
한국사람이 창의성이 풍부하다
생각하는 학생(약 5%)은 있다.

자신들이 한국사람 평균보다
창의성이 없다?
자신이나 한국사람이 창의성이
있는 편이라 생각하는 학생은
40% 정도이다.

대학 1, 2학년 학생 2012년 94명,
2013년 93명,
2014년 232명 등
총 419명에게 물어봤다.

나는 창의성이 있는 것일까?

□ 매우 풍부하다 (31/419=7.4%) □ 있는 편이다 (227/419=54.2%)

□ 별로다 (109/419=26.0%)

□ 잘 모르겠다 (41/419=9.8%)   □ 없는 것 같다 (8/419=1.9%)

□ 매우 부족하다 (3/419=0.7%)

한국사람은 창의성이 풍부한가?

☐ 매우 풍부하다 (17/419=4.1%) ☐ 있는 편이다 (168/419=40.1%)

☐ 별로다 (149/419=35.5%)

☐ 잘 모르겠다 (41/419=9.8%) ☐ 없는 것 같다 (37/419=8.8%)

☐ 매우 부족하다 (7/419=1.7%)

결론은
자신(7.4%)이나 한국사람(4.1%)이
창의성이 풍부하다 생각하는
학생이 있다.
자신이 창의성이 있는 편이라
생각하는 학생이 50% 이상이다.
한국사람이 창의성이 있는 편이라
생각하는 학생이 40% 있다.

KAIST 학생이 보통 한국인보다
창의성이 높다?

모른다! (능력이) 부족하다! 없다!라는 단어는 그들 사전에는 없는 집단이 KAIST 학생 집단이라 생각하며, 위의 설문조사를 음미해 보면 좀 시사하는 바가 많을 지도 모르겠다.

그런데 대학 1, 2년 학생과는 달리,
대학원 학생들은

왜?

자신이 창의성이 풍부하다 생각하는 학생이 없고
자신들이 한국사람 평균보다 창의성이 없다?

고 느끼고 있는 것일까?

그 이유는 간단하다.

연구가 주 생활인 KAIST 대학원 학생들은 입학 후, 자기 연구에 관하여 정말 밤을 세우며 열심히 공부해서, 연구실에서 교수를 비롯한 선배들 앞에서 그 내용을 발표하게 된다. 그런데 첫 번째 돌아오는 말이,

지도교수: 그건 199?년 유럽 xx대학의 모 교수가 발표했던 아이디어로 이런저런 문제가 있어 별로 좋은 것이 아니야. 다시 잘 생각해 봐!

그래서 더 열심히 더 많은 날을 노력해서 더 많은 논문을 조사해서 다시 발표하게 된다. 그런데

지도교수: 그건 200?년 미국 xx대학의 박사과정 학생이 지도교수와 함께 발표했던 내용과 비슷하지 않아? 새로운 생각을 해야지! 창의성 있는 것 가져와야지! 창의성 있는 것 말이야!

이제 그 대학원 학생의 자랑 항목 리스트에 창의성이라는 단어는 소멸된다.

다만 이것만은 부언해 두자. KAIST 대학원 학생은 이렇게 연구를 시작하여 수년 후에는 세계 첨단을 가는 훌륭한, (창의성이 가득 찬) 연구로 논문을 완성하여 박사학위를 취득하고, 멋있게 KAIST를 떠나 사회로 나간다.

창의성이
뭐길래?

대학원 강의 '연구방법론'에서 성공적인 연구를 위한 3대 주요 요소를
들라고 하면, 그중 하나는 **창의성!**이라 대답하면 된다?

왜?

모든 문제는 **창의성! 창의성!**이야

누가 문제를 해결 못 하면 **창의성이 없으니까 그렇지!**

라고 하면 통하니까

그러나 결론적으로 말하면 엄밀하게는 정확한 답이 아니다!

온 세상 **창의성! 창의성! 창의성!**으로 가득

도대체 창의성이 뭐길래?

연구 잘하려면 창의성이 있어야 해?   당연하지!

새로운 것 개발하려면 창의성이 있어야 해?   그렇지!

훌륭한 작품 만들려면 창의성이 있어야 해?   물론이지!

돈 벌려면 창의성이 있어야 해?   그래!

학생 잘 가르치려면 교수는 창의성이 있어야 해? 그걸 말이라고!

학생이 공부 잘 하려면 창의성이 있어야 해?   ???

그 애 공부 잘 하는데 창의성은 별로인 것 같은데!

그 친구 창의성 있는 것 같은데 공부 성적 별로야!

공부 별로 하지 않고 성적 올리려면 창의성이 필요해? 그럼!

나라에 충성하는데 창의성이 있어야 해?

부모님께 효도하는데 창의성이 필요해?

자식 사랑하는데 창의성이 필요한가?

좀 이상해지네!

대학원 학생 22명에게 물어봤다.
창의성이 가장 풍부한 사람의 부류는
어떤 사람들?

1. 사기꾼 2. 예능관계 3. 예술관계

아이디어를 많이 내는 사람은 창의적인 사람인가?

창의성은 어디서 오는 것일까?

창의성을 얻을 수 있는 방법은?

왜 근래 창의성이 필요하다고 야단인가?

이전에는 창의성이 필요 없었나?

도대체
창의성의
정의는?

창의성의 정의에 관하여 대학원 학생들에게 발표시키면

'새로운 생각을 하는 것'이란 간단한 정의로부터
'창의성은 새로운 생각이나 개념을 찾아내거나 기존에 있던 생각이나 개념들을 새롭게 조합해 내는 것과 연관된 정신적이고 사회적인 과정이다' ― 위키피디아 인용

'새로운 무엇을 만드는 것'
'새롭고 독창적인 것을 생각하거나 해결책으로 제시하는 능력'
'창의성이란 갑자기 새로운 답을 발견하는 것이 아니라 이미 알고 있던 문제의 열쇠가 바로 그 문제의 열쇠라는 사실을 맞추는 것'
― 선(禪) 문답?

'가정(假定, assumption)을 파괴하는 과정'

'확산적 사고: 일련의 문제에 대해 하나의 정답을 찾는 것이 아니라 많은 답을 찾는 것'

'창의성이란 상자 안에서 상자 밖에 무엇이 있는가를 설명할 수 있는 능력'

— 마술사의 능력?

많기도 많다!

참고로 현 정부의 대통령 직속 4차 산업혁명위원회의 정의

창의성: 기존의 것을 개선하거나 새로운 것을 만들어 부가가치를 창출

창의성 참 모호하다

창의성 얻는 데 별로 도움이 안 된다.

공학(engineering)에서는

문제의 정의(definition of problem)가 매우 중요하다.

문제의 **정확한 정의**는

문제 해결방법과 **직결**되어 있기 때문이다.

잘못 정의되면

잘못된 해결 방법밖에 나오지 않는다.

(If a problem is ill-defined, it always leads to wrong solution).

창의성 문제 중요하다고 하면

먼저 창의성 정의 명확하게 할 필요가 있다.

창의성과 창조성, 혁신

그리고 발명

관련된 영어는 **creativity**이며,

위키피디아(Wikipedia)에서는 다음과 같이 정의하고 있다.

Creativity refers to the phenomenon whereby a person creates something new(a product, a solution, a work of art, a novel, a joke etc.) that has some kind of value.

사람이 가치가 있는 새로운 무언가(생산제품, 해답, 예술작품, 소설, 농담 등)를 만들어 내는 현상.

한국어 위키피디아

창의성(創意性, 문화어: 창발성)은 새로운 생각이나 개념을 찾아내거나 기존에 있던 생각이나 개념들을 새롭게 조합해 내는 것과 연관된 정신적이고 사회적인 과정이다. **창조성**(創造性)이라고도 하며 이에 관한 능력을 **창의력**(創意力), **창조력**(創造力)이라 고 한다. 창조력은 의식적이거나 무의식적인 통찰에 힘입어 발휘된다. 창조성에 대한 다른 개념은 '새로운 무엇을 만드는 것'이다.

일본어 위키피디아

創造力(そうぞうりょく, creativity)は、一般に過去に存在しない、新たなもの、アイディ アを初めて作り出す、考え出す能力をさす。
창조력이란 일반적으로 과거에는 존재하지 않았던 새로운 것, 아이디어를 처음으로 만들어 내는, 생각해 내는 능력을 가리킨다.

영어 **creativity**에 대해

우리나라 일반 사전: **창조성, 독창력**, 근래 **창의성**
일본: 창조력(創造力)
중국: 창조력(創造力)

유독 우리나라만 **창의성**

창의성과 창조성, 조금 뉘앙스(nuance)가 다르다.

이상과 같이, creativity에 대한 정의는 조금씩 다를 수 있다.

이 외에도 많은 정의가 존재한다.

대체로 공통된 주요 단어(key word)는

'새로운 것을 만들어 내는 것'

과거에 없던 새로운 것을 만들어 내는 것을
일반적으로 **발명**(發明, invention)이라 배운다.

발명 능력과 창의성은 어떤 차이가 있는 것인가?
모호하다.

또 근래 많이 사용되는 용어

innovation(혁신, 革新)하고는 **어떤 차이가 있나?**
혁신(innovation)과 발명(invention)의 차이

영문 **위키피디아**(Wikipedia)에는 다음과 같이 설명하고 있다.

Innovation is the creation of better or more effective products, processes, services, technologies, or ideas that are accepted by markets, governments, and society. Innovation differs from invention in that innovation refers to the use of a new idea or method, whereas invention refers more directly to the creation of the idea or method itself.

혁신은 시장, 정부 그리고 사회에 의해 인정된, 더 좋은 또는 더 효율적인 생산품, 과정, 서비스, 기술 또는 아이디어를 만들어 내는 것. 혁신은 새로운 아이디어 또는 방법을 사용한다는 것을 말하고, **발명**은 새로운 아이디어 또는 방법을 만들어 내는 것을 더 직접적으로 의미한다는 점에서, 혁신과 발명은 다르다.

이 정의에 따르면

혁신은 새로운 아이디어나 방법을 직접 만들어 내지 않아도,
현존하는 아이디어나 방법을 사용하여 더 좋은 것,
더 효율적인 것을 만들어 내는 것

을 의미한다는 것이 된다.

혁신은 통상적으로 사용되는 창의성과는 다른 느낌이 있다.
여전히 창의성과 발명의 차이는 분명하지가 않다.

위에서 언급한 문제 정의의 중요성을 다시 한번 강조하면,
'어떤 사물이나 현상 또는 문제를 논할 때에

중요한 것이 **정의**(定義, definition)이다.

왜냐하면 **그 정의에 따라** 대상이 되는 사물이나 현상, 또는 문제에 대한

본질이 거의 규정되고,
그 **규정된 본질에 따라** 그 이후의 이론의 전개나 문제의

해결 방법이 **결정**되기 때문이다.

정의가 잘못되면(ill-define), 그 이후의
전개가 체계적이지 못하며
문제 해결이 **어려워진다.'**

― 송지호, 박준협 공저, 『신뢰성공학 입문』 인터비젼, 2007

여기서 creativity에 대응하는

우리말 **창의성** 그리고 **창조성**에 대해

명확히 정의해 보기로 하자.

먼저 **발명의 정의**는 쉽다.

궁극적으로

과거에는 없던, 경제적으로 매우 가치가 높고,

파급효과가 높은, 새로운 것을 만들어 내는 것

을 의미한다고 생각하는 것이 좋다.

경제적으로 가치가 높고, 파급 효과가 높은

이 두 특성이 없으면

발명이 아니라 보통은 **아이디어 상품**이라 한다.

창의성, 창조성(창조력), 발명능력의 차이

다음과 같은 경우에 뚜렷이 나타나는 것은 아닐까?
발명능력이 없네!
창조력이 없네!
창의성이 없네!

이렇게 들었을 때, 여러분들은 어떻게 느낄까?
발명능력이 없네!
창조력이 없네!
라고 들었을 때 별로 기분 좋지 않으나, 그저 그러려니 **별로 신경**이 **안 쓰일 것**이다.

그러나

창의성이 없네!

라고 들으면 **기분**이 **나쁘고** 무언가 **열등감**을 **느끼게** 하는 것은 아
닌지?

이것이 **첫 번째 차이**다.

의미하는 바가 적지 않다.

즉, **발명능력**이나 **창조력**은

　　　　특수한 능력이라 생각되고

또한 결과를 얻기 위해서는 절대적으로

　　　　경제적 그리고 **시간적 부담**이 동반되는 **행위**이므로,

　　　누구나 쉽게 할 수 있는 것이 아니다

　　　　　　라는 **무언의 합의**(consensus)가 있어,

　　　별로 신경이 안 쓰이는 것이 아닐까?

창의성은

특별한 **경제적 시간적 부담**이 **없이**

생각 하나만으로 **발휘**가 **가능**한 것

동등한 조건에서 **개인**의 **능력**과 **직결**되어 있다

고 생각되기 때문에,

위와 같은 **감정의 차이**가 **발생**하고 있는 것은

아닌가 생각된다.

두 번째 차이

　　　창의성이라는 **용어**의 **사용**과 관련

어린이에 대한 **칭찬의 예**

　　어떠한 문제에 대해 어린이가 **기발한 답을 했을 때**

　　　　　창의성이 있네!

　　　　　　라고 칭찬은 하나

　　창조력이 있네!

　　　　　하는 예는 거의 없을 것이다.

창의성을 **명확히 정의**하려면

창의성의 본질에 **접근**할 필요가 있고,

이를 위한 가장 손쉬운 방법은

많은 전형적인 창의성의 예들로부터

다가가는(귀납(歸納, induce)하는) 것이다.

독자들에게도 친근한 몇 가지 예만 제시해 두기로 하자.

창의성과 관련하여 **감탄**했던 **예**

2012. 1. 4~3. 15사이에 MBC에서 방영되어 시청률 40%을 넘는 인기를 구가한
'해를 품은 달(해품달)'(원작: 정은궐, 극본: 진수완, 연출: 김도훈, 이성준)에서

세자빈을 최종적으로 선택하는 장면에서
임금이 **하문**한다. **과인의 값어치를 돈으로 환산하면 얼마가** 되겠는가?

최씨집 여식: **백만 냥** 아니 **천만 냥**, 통촉하여 주시옵소서. 소녀는 **돈에 대해 부지**(不知)하여 얼마가 되어야 큰 돈이 되는지 잘 모르옵니다.

윤씨집 여식: 태산과 같이 높고 하해와 같이 넓은 **주상**의 **성덕**을 어찌 감히 **돈으로 셈하고 은으로 환산**할 수 있겠습니까? 감히 청하옵건대 **하늘의 무게**를 달고 **바다의 깊이**를

잴 수 있는 물건이 생겨 나거든 그때 **다시 하문**하여 주소서.

허씨집 여식: **한 냥**이 옵니다. 헐벗고 굶주린 백성에게는 한 냥만큼 간절한 것은 없사옵니다. **만 냥**을 가진 **부자**는 **한 냥의 소중함**을 **모르나** 아무것도 **가진 것이 없는 빈자**는 **한 냥의 소중함**을 뼈저리게 **잘 알고** 있습니다. 가난한 백성에게 있어 **주상 전하**는 **한 냥의 절실함**과 **소중함**이 옵니다.
부디 만 백성에게 **공평한 선정**을 베풀어 주시옵소서.

픽션(fiction) 드라마의 장면이기는 하나,

　　　13세의 어린아이 윤씨집 여식과 허씨집 여식의 대답은 대단
하다.

대단한 창의성

이런 대사가 어딘가 있었을 법하기는 하나, 작가의 창의성도 대단
하다.

드라마의 줄거리로부터 추측하면 작가가,

이 두 아이의 대답이 **순간적**으로 **나왔다**

고 의도하기보다는

이 두 아이 모두 **영특**하고 **열심히 공부**하여

그 **결과**로써 **답**이 나왔다

고 말하고 싶었던 것은 아닐까?

뒤에서 정의하는 **창의성의 기준**

허씨집 여식의 답이 **창의성**이 **높다.**

창조성의 기준

윤씨집 여식의 답이 **창조성**은 **더 높다?**

창의성 관련 문제 예 중 하나

기린을 냉장고에 넣는 방법은?

2012년 SBS 방송 〈힐링 캠프〉에서도 등장했던 문제

마이크로소프트사 입사 시험에
창의성과 관련하여 나왔던 **문제**라 한다.

정답: 냉장고 문을 연다. 기린을 넣는다. 냉장고 문을 닫는다.
이것이 창의성과 관련 있다면
현재 창의성의 의미에 대해 시사하는 바 크다.

이 이외에도 많은 예가 있을 것이다. 결론을 서둘러, 이러한 예들로부
터 창의성을 저자들은 다음과 같이 정의한다.

창의성의
새로운
합리적인 정의

창의성이란,

> **동일한 환경조건**에 있는
>> **다른 사람들**과 비교하여
>>> 그들과는 **다른, 그럴듯한**(plausible) **생각**을
>>>> 해내는 **능력**.

여기에서 **중요한 것:**

> **동일한 환경조건**
> 예: **어린이라는 조건**에서 창의성
>> **어른의 입장**에서 보면
>>> **아무것도 아닐 수 있다.**
>>> **절대적인 의미**에서 **새롭다**는
>>>> 것과 **무관**할 수 있다.

예-1: 위의 '해품달'의 임금의 가치

만약 어른인 세 정승(우의정, 좌의정, 영의정)이 세 여식과 같이 대답

을 했다면?

임금은 어떠했을까?

임금이 납득할 수 있는 정승들의 대답은?

한번 생각해 보시면!

예-2: **이순신** 장군의 **생즉사**(生則死) **사즉생**(死則生)

이순신 장군이 위기에서 발휘한 리더십의 대표적인 창의성 예

이순신 장군이 처음으로 만들어 낸 것이 아니라 오자(吳子)병법

에 있는 것

창의성은 **새롭다**는 것과는 **무관**

기린을 냉장고에 넣는 방법에 대한 답이 시사하는 것

위의 정답이 **창의적인 답**이라면

창조성 기준에서 **가치 없어도 창의적**

그럴듯하기만 하면 창의적

예-1: **SF**(scientific fiction, 공상과학) **영화**

근래의 SF영화는 정말

창의성으로 가득

거기서 창의성을 인정하는 것은

현 시점에서 곧 실현 가능해서가 아니라,

장래에는 **가능할지도** 모른,

그저 **그럴듯하기 때문**이다.

예-2: 브레인스토밍(brain storming)

문제 해결을 위한 **가장 간단한 창의성 도출 방법**의 하나

중요한 원칙

발언자에게 어떠한 제한도 주어서는 안 되며,

무언가 다른, 그럴듯한 가능성이

있는 **아이디어**

황당무계(荒唐無稽)한 아이디어도

적극적으로 수용

위 **창의성**의 새로운 정의와 **잘 부합**

위와 같이

창의성을 새롭게 합리적으로 **정의**하면

창의성의 본질 이해 쉬워지고

창의성 습득 방법 밝혀지고

사람들의 **창의성**에 대한 **고민 해결 가능**하다.

참고로 위의 창의성 정의에서

'동일한 환경조건'을 빼고,

모든 다른 사람들과는 다른

'그럴듯한(plausible) 생각' 대신에

가치 있는 실현 가능한 생각을 해내는

능력으로 바꾸고,

여기에 다음과 같이 '시간적 공간적 제한을 넘어'를 추가하면,

즉,

'시간적 공간적 제한을 넘어

모든 **다른 사람들**과는 **다른,**

가치 있는 실현 가능한 생각을 해내는 **능력'**

이라 하면,

이것은 우리가 현재 소위(所謂) 말하는 창의성이라기보다는

천재성(天才性, genius)에 가깝다.

천재성에 대해서는 **습득**하는 **방법**이 거의 **없다.**

뇌(腦, brain)를 **바꾸면 가능할까?**

그렇다고 그 방법으로 가능하다

는 보장 또한 없다.

우리들은 천재성 때문에 고민하는 일은 거의 없다.

또한 보통은 쉽게 요구하지도 않는다.

창조성에 대해서도 다음과 같이 정의해 두자.

창조성이란,

      가치 있는 유형, 무형의 새로운 것을 만들어 내는 능력.

           창조성을 **발휘**하기 위해서는

                 경제적, 시간적 부담 필수

    누구나 **똑같은** 조건에서 **겨누라는** 능력이 **아니다.**

           (어떠한 조건도 좋다, 결과가 중요하다.)

               창의성과 본질적으로 **크게 다른**

                           점이다.

최상의 **창조성**:

    과거, 현재, 미래를 통하여, **세상 어느 곳에도**

        둘도 없는 **유일한 것**을 만들어 내는 것

   아무런 **창의성 없이 쉽게 이루어진다?**

추측해 보시라!

각 정의에 대해 다시 정리해 두면,

창의성이란,
　　　동일한 **환경조건**에 있는 **다른 사람들**과 비교하여 그들과는 **다른**,
　　　그럴듯한(plausible) **생각**을 해내는 **능력**

창조성이란,
　　　　가치 있는 유형, 무형의 새로운 것을 만들어 내는 능력

혁신은,
　　　　새로운 아이디어나 방법을 직접 만들어 내지 않아도,
　　　　현존하는 아이디어나 방법을 사용하여
　　　　더 좋은 것, 더 효율적인 것을 만들어 내는 것

발명은,
　　　　궁극적으로 **과거에는 없던**, 경제적으로 매우 가치가 높고,
　　　　파급효과가 높은, 새로운 것을 만들어 내는 것

참고로 지적해 두면, 위와 같은

창의성의 정의는 어디도 없을 것이다.

　　　위와 같이 창의성을 정의하면,

　　　　　　창의성에는 **본질적**으로 **경쟁**이라는 **요소**

　　　　　　　　　　　　　가 있다는 것이 된다.

위에서,

　　　　창의성이 없네!라고 들으면

　　　　기분이 **나쁘고** 무언가 **열등감**을 느끼게 하는 것이,

　　　　　　　　바로 이 **본질**에 **기인**하고 있다고 보면 된다.

그러나

경쟁이란 요소는 잘 생각해 보면

매우 다루기 쉬울 수도 있다

경쟁은

상대적 비교가 그 본질이므로,

창의성에서도 남보다 약간만 앞서면

창의성이 있다는 것이 된다

보통 공부에서와 비슷하다.

다만, 창의성에서는 앞선다는 것이,

남과는 다르면서 그럴듯해 보여야 한다는 점이

공부와는 좀 다르다.

경쟁이란 **본질**에서 보면,

    창의성과 **혁신**(innovation)은 **매우 비슷**하며,

        또한 **이론적**으로는 **둘 모두 약간의 차이만**이

대상이 되므로,

        쉽게 얻어질 수 있다고 보여진다.

이러한 **쉽다는 특성** 때문에

    모든 분야에서, 상사가 부하에게

        창의성 또는 **혁신**을 **쉽게 강요**하고

      그것이 또한 **당연시**되고 있다

        고 볼 수가 있다.

왜 근래
창의성이
필요하다고
야단인가?

이전에는
창의성이
필요 없었나?

어느 시대나 창의성이 매우 필요했다.

과거에도 특히 공학분야에서는

창의성이 매우 중요했다.

이전에는 훌륭한 창의성도 대단한 발명도

제조 기술의 부족 또는 사회적 환경 때문에

실패한 사례가 허다하다.

디젤엔진의 비극

디젤엔진은 열효율이 높고 저렴한 연료 사용이 가능한 내연기관으로 현재 많이 이용되고 있는 것으로, 1893년 독일인 기술자 **루돌프 디젤**(Rudolf Diesel)에 의해 발명된 것이다. 자신이 제작 개발 시험을 시도했으나 쉽게 성공하지 못했다. 당시의 설계-제조-가공기술도 재료도 조악하여, 고온고압에 견딜 수 있는 정밀한 고강도의 엔진을 만들기 위해서는 많은 연구비가 필요하여 디젤 박사는 대단한 노력을 하여, 독일의 기계 공업회사 MAN AG의 연구비 지원으로 1897년에 엔진 제작에 성공한다. 그러나 특허권을 두고 회사와 법정 싸움을 하게 되고, 경제적으로도 어렵게 된다. 1913년 9월 55세 때, 런던에 있는 디젤제조회사를 방문하기 위해 우편증기선 드레스덴(Dresden)을 타고 영국으로 향하던 중 행방불명이 되고, 10월에 북해에서 사체로 발견된다. 디젤의 사인은 특허권 분쟁에 의한 자살로 결론이 났으나 타살설도 제기됐다. 그러나 지금도 사인은 명확하지 않다. 이렇게 디젤의 삶은 비극으로 끝이 났다.

다음의 예와 같이, 일종의 사회적 환경 때문에 불행한 경우도 없지 않다.

비운의 FM 방송 발명가: 에드윈 하워드 암스트롱

현재는 많이 개선되어 그래도 널리 사용되고 있는 진폭변조(AM) 라디오방송은 1920년대에는 특히 수신음 잡음이 커 매우 큰 문제였다. 미국의 대표적인 방송사였던 NBC(NationalBroadcastingCompany)를 소유하고 있던 미국의 무선장치 제조회사 RCA(RadioCorporationofAmerica)도 이 문제를 해결하기 위해 많은 연구자를 독려하고 있었다. 에드윈 암스트롱(Edwin Howard Armstrong)도 그의 오랜 친구인, RCA의 총수인 데이비드 사노프(David Sarnoff)의 요청으로 연구를 하고 있었으며, 그는 1933년 대부분의 엔지니어들과는 다른 방식으로, 잡음이 없는 고감도의 주파수 변조 방식인 FM방송을 개발하고 특허를 받았다. 암스트롱은 RCA의 총수인 사노프에게 자신이 개발한 FM방식을 설명해 주고, 특허권 양도 계약을 추진하려 하였으나 사노프는 탐탁하게 생각하지 않았다. 당시 RCA는 이미 AM방식에 많은 투자를 해 놓은 상태였으며, FM 방송보다는 새로운 방송인 텔레비전 방송에 더 많은 관심을 갖고 있었기 때문이다. 이에 대항하여 암스트롱은 FM 방송 체계를 구축하기 시작했다. 2차 대전 이후 FM 방송 체계를 구축하는 암스트롱과 텔레비전을 지지하던 RCA 사이에 주파수 대역(帶域, band)을 놓고 대결이 벌어져, 연방 통신위원회는 RCA에 유리한 결정을 하여 암스트롱은 큰 타격을 입게 된다. 이에 대해 암스트롱은 RCA에 자신의 FM 특허를 침해했다는 소송을 제기했으나, 오랜 소송으로 파산하고 아내와의 결혼생활도 파경에 이르러, 1954년 뉴욕 자신의 고층아파트에서 투신하여 자살해 버린다.

이 FM 방송의 불행한 예와 같은 사례는 지금도 국내에서는 중소기업과 대기업의 관계에서 번번히 기사화되기도 한다.

왜 근래 특히나
창의성이 필요하다고 야단인가?

그 이유는

위 **창의성**의 **정의**로부터 알 수 있듯이,

창의성은 **쉽게 얻어질 수 있다는 특성**에,

근래 새로운 것을 만드는 **창조 기술**이 **매우 발달**하여,

약간의 창의성에 의해 **새로운 것**이 **쉽게 창조**되고

이것이 현대 개인에게 무엇보다도 중요한

직접적 경제적 이득으로 **쉽게 이어질 수 있다**

는 그러한 **사회 환경**이 지금은 잘 되어 있

기 때문이라 생각하면 된다.

독자들이 어렵지 않게 이해할 수 있는 예를 들면
개그맨의 **한 마디 개그**가 히트하여 **인기**와 **대단한 부**를
얻는 예.
MBC 예능 프로그램 '진짜 사나이'에서 몇 초 안 되는,
걸 그룹 **헤리**의 **앙탈**.
그것이 기회가 되어 그 **이후**
어린 소녀 탤런트가 벌어들인 **수입**은 **대단**하다.

여기서 **창의성**의 **정의**와 **관련**하여,
당시 같이 출연한 다른 나이 먹은 여성 탤런트가
같은 행동을 했다고 하면?
결과를 한 번 생각해 보시라!

현재는 이 책에서 정의한 바와 같은,

약간의 창의성이 **대단한 효과**를

가져오는 세상이 되어 있는 것이다.

창의성은

이론적으로 매우 쉽게 보인다.

실제 발휘하기는 **매우 어렵다.**

여러 방법이 **제안**되고 있다.

창의성을 높이는 방법

예:
- **자기를 창조적이라 생각하는 사람**이 더 **창조적**이다.
- 창조적이 되는 유일한 방법은 **혼자 있는 것**
  애플의 최초 공동 창업자 **스티브 워즈니악: 혼자 고독하게 일하는 것**이 창조성 발휘에 **가장 효과적**. 혼자 일하세요. 위원회도 아니고 팀도 아니고.
- 유대인의 창조성 **비밀**: 사회에 의존하지 않고 **자기 혼자의 능력에만 의존**해야 하는 환경
- 창조적이기 위해서는 왕성한 **호기심, 관대함** 그리고 **이해하려는 의지**가 필요하다.
- **중(스님)과 같이 살라**. 저녁에 **빨리 자고** 아침은 사람보다 조금 **일찍이 일어나라**.
  - 사람이 **창조력을 발휘**하는 **호르몬의 피크**가 **오전 7시경**에 온다.

그런데 **다음**과 같은 **기사**도 있다.

애틀랜타 CNN '혁신에 관한 **네 가지 미신**을 깨라'는 것 중 하나,
혼자 연구해야 좋은 아이디어가 나온다.
타파해야 할 미신이라는 것이다.
이렇게 정 반대의 이야기가 나오곤 한다.

창의성을 배양할 수 있는 방법

Wikipedia의 **Creativity** 부분에도 소개되고 있다.

- **왼쪽 뇌**(논리적, 분석적)보다

  오른쪽 뇌(창의적, 감정적)를 사용하라.

- **수직사고**(vertical thinking, 논리적, 분석적)보다

  수평사고(lateral thinking, 사물을 다양한 시점에서 보는)를 하라.

그 외 12가지 정도 항목으로 나열하고 있다.

다 좋은 방법일 수가 있으나

너무 **추상적**(왼쪽 뇌, 오른쪽 뇌)

상식적으로 잘 아는 **내용**

별로 새롭지 않아

실제 별로 **도움**이 **안 된다.**

창의성 훈련하는 여러 도구 있다.

예) **TRIZ**(The Theory of Inventive Problem Solving)

　　ARIZ(The Algorithm of Inventive Problem Solving)

　　　　　　비교적 긴 시간에 걸친 **훈련 필요**

　　　　　　　　　경제적 부담 따른다.

　　　　　　훈련에 의해 얻어진 **정식화된 방법**

　　　　　　창의성이 **아니라**는 느낌을 갖는 경우가 많다.

　　　　　　창의성 배양하는

　　　　　　　　　손쉬운 방법이 **없다.**

창의성 얻는 방법은
저자들의 창의성 정의로부터!

창의성이란, 동일한 환경조건에 있는 **다른 사람들**과 비교하여 그들과는 **다른, 그럴듯한**(plausible) **생각**을 해내는 **능력.**

창의성은

어디서 오는

것일까?

저자의 한 사람이 대학 시절(1960년대 후반) 감탄했던 예

저자의 한 사람은 일본에서 자랐다.

　　일본은 주간지(週刊誌)가 매우 많은 나라

　　대학시절(1960년대 후반) 심심하면 3류 주간지를 자주 봤다.

　　어느 작가의 다음과 같은 **경험담** 이야기에 **감탄**했다.

주간지 작가가 식당에 가서 **양식**을 **주문**했다.

웨이트리스: **빵**으로 하시겠습니까? **라이스**로 하시겠습니까?

주간지 작가: **밥 부탁**합니다

웨이트리스: **라이스**네요

주간지 작가: 아니요, **밥**이에요 **밥!**

웨이트리스: **라이스**네요

주간지 작가: 아니 **밥**과 **라이스**가 **뭐가 다른데?**

이러한 대화는 **한국**에서도 보인다.

조선일보 2001년 2월 26일 李圭泰(이규태) 코너 '우리말 간판'
에 비슷한 내용이 나온다. 그리고 이것을 이규태 씨는

우리나라 사람의 **사대병**의 **예**라 하고 있다.

이 내용은 **이규태**(李圭泰)씨의 한국인의 『의식구조1』(신원문화사, 1983)에
나오는 구절이기도 하며,

우리나라 사람의 **외래어 선망체질**이

우리의 말을 **폐어**로

만들고 있다고 **질타**하고 있다.

위와 같은 대화는 1994. 1. 5 일본 朝日(아사이)신문 석간 窓이라는 논설위원실 칼럼에서도 보인다. 내용은 이렇다.

레스토랑에서 정식(定食, 일본에 많은 양식 타입의 식사)을 부탁했더니 위의 경우와 똑같이 웨이트리스가 라이스를 연발해서, 그만 짜증이 나서 화를 내 버렸다는 것이다.

30년 정도 지나서도 같은 **대화가** 있다는 것이 참 재미가 있다.

밥과 라이스는 다른가?
같지 뭐! 뭐가 달라!

위의 조선일보나 일본 朝日(아사이)신문의 **통상적인 사고의** 예

다시 1960년대 후반으로 돌아가서,

　　　　　　　　저자의 한 사람이 감탄했던 것은

다음과 같은 내용이다.

주간지 작가: **아니 밥과 라이스가 뭐가 다른데?**

웨이트리스: **다릅니다.**

주간지 작가: **어떻게 다른데?**

      웨이트리스가 설명을 한다. 듣고 난 후

주간지 작가: **라이스 주세요.**

    하도 **빵**과 **라이스**에 대해 **시비**가 많아서,

        식당 주인이 웨이트리스에게 그런 손님이 오거든

          다음과 같이 **답하라고** 했던 것이다.

밥은 **밥그릇(茶碗)**에 담은 것이고

　　라이스는 **접시**에 **올려 놓은 것**을 말합니다.

저자의 한 사람은

　　　　식당 주인의 **창의성**과

　　　　　주간지 작가의 **창의성**에 대한 **이해**

　　　　　　　에 감탄했던 것이다.

밥과 **라이스**에 대한 **새로운 정의**가

창의적

여기서

창의적이기 위해 **중요한 것**

논리적!

이 아니면 안 된다.

논리적이 아니면 **사기**

위에서 이미, 문제의 정의의 중요성을 두 번 언급했다.

정의(定義, definition)의 **중요성**을 다시 상기시키면

정의에 따라

문제의 **본질이 거의 규정**되고,

그 규정된 본질에 따라

해결 방법이 **결정**되기 때문이다.

밥과 **라이스**에 대한 **새로운 정의**가

　　　　　　창의적이고 **가치**가 있는 것은

　　　본질에 대한 **방법론**을

　　　　　　논리적으로 **제시**하고 있기 때문이다.

밥그릇에 담은 것이 **보통 밥**이다.

　　　　밥을 먹는 **방법**은

　　　　일본사람이면 **젓가락**이, **한국사람**이면 **숟가락**이 된다.

　　　　양식에 군이 **밥**을 **내놓으라** 하면

　　　　젓가락이나 **숟가락**을 **제공**하는 것이 **논리적**이다.

통상적인 양식 식사**도구**인

　　　　나이프와 **포크**로는 **어렵다.**

　　　　　　양식에는 **접시**에 올려 **놓은 라이스**가

　　　　　　　　방법론적으로 **논리적**인 것이다.

위와 같은 **창의성**은 **어디서 오는 것일까?**

위의 **밥**과 **라이스의 예**는
　　　　궁정의 **바탕** 위에
　　　　　　논리적으로 새로운 정의를 하고 있다.
　　　　　정의의 재정립이다.

그렇게 **어려운 것**이 **아니다.**
다만 **유연**하게 **논리적 사고**를 하고 있는 것이다.

유연한 논리적 사고의 예 또 하나.
앞에서 예를 들었던 '**해를 품은 달**(해품달)'의 장면으로 돌아가서

최 씨 집 여식과 윤 씨 집 여식
값어치가 높기 때문에 금액이 커야 한다.
: **통상적**인 사고

허 씨 집 여식
값어치가 높다고 금액이 클 필요는 없다.
: 유연한 논리적 사고
정의라는 측면에서 **반대쪽 정의**

창의성은
바로 **유연한 논리적 사고**에서 온다.

비슷한 창의성의 예 또 하나.

2014년 국내에서 개봉되어 1000만 관객을 돌파한

미국 월트 디즈니 애니메이션 영화 **'겨울왕국'**에서

2014년 강의 수강한 KAIST 대학생 232명 중 181명(78%)이 관람

(한편, 창의성의 모델인 Steve Jobs의 영화는 16명(7%)만 관람)

관람 학생 중 **88%**가 **좋게** 평가,

51%가 **창의성**이 풍부하다고 생각

가장 창의성이 있다고 생각한 것으로는

눈사람 올라프의 존재: 24%

진정한 사랑의 재해석: 21%

여기서 **대상**이 되는 것은

애니메이션 영화 속

진실한 사랑의 **행동**에 대한 **정의**

이 영화를 보지 않은 독자는 약간 이해 못할 부분도 있을 것이나 큰 문제는 없다!

트롤:

사랑하는 **사람** 특히 **이성**의 키스

올라프:

다른 사람이 **원하는 것**을

자신이 **원하는 것**보다 **우선 순위**에 놓는 것

여기서,

진실한 사랑의 **행동 주체** = **나를 사랑해** 주는 **이성**

: **만화 영화**에서 사용되는 **통상적 사고**

진실한 사랑의 **행동**에 대한 또 하나의 **정의**

사랑하는 **사람**을 위해 **내 자신**을 **희생**하는 것

진실한 사랑의 **행동 주체** ≠ **나를 사랑해** 주는 **이성**

= **상대**를 **사랑**하는 바로 **나**

사랑의 **상대**는 **이성**만이 **아니다.**

: **유연한 논리적 사고**

= **반대쪽 정의**가 **창의성**으로 이어지는 또 하나의 예

여기서 지적해 둘 것이 있다.

이 **'겨울왕국'**에서의 **창의성**은

어린이가 주 대상인,

애니메이션(만화) **영화**라는

환경조건에서 **성립**하는 것

어른을 **대상**으로 하는 **영화**나 **드라마**의 **관점**에서 보면

새롭지도 전연 창의적이지도 **아닐 수**가 있다.

저자들이 **정의**하는 **창의성**의 **본질**을

나타내 주는 예이기도 하다.

다음의 예: **저자들의 전문 분야**(역학)와 관계되는 **예**
상세 내용은 **이해하기 힘들 수도 있으나**
창의성과 관련한 본질을 이해하기에는 어렵지 않을 것이다.
물체의 운동을 다루는 법칙 중,
다음과 같은 **뉴턴(Newton)의 '제2법칙'**이라는 것이 있다.

$$F = ma$$

물체를 움직이기 위해 필요한 힘 F는
물체의 질량 m과 가속도 a의 곱으로 나타낼 수 있다는 법칙이다.
위의 식에서 우변의 ma 항을 좌변으로 옮겨

즉,

$$F - ma = 0$$

와 같은 식을 제안하여 유명해진 사람이 있다.

D'Alembert이라는 사람으로,

 이 식을 **달랑베르의 원리(D'Alembert's principle)**라 한다.

초등학생도 가능한 위 **식의 변형**이

 왜 이렇게 **이름까지 붙는 유명한 식**이 됐나?

 어떤 효과가 있어서?

아래 내용은 조금 이해하기 힘들 수가 있으나, 그저 아는 것으로
하고 넘어가면 좋을 것이다.

운동을 다루는 **동역학(dynamics)**의 **뉴턴(Newton) 제2법칙**
$$F = ma$$
를 달랑베르는
$$F - ma = 0$$

와 같이 변형하고,

$$(-ma) = \text{관성력(inertia force)}$$

이라 생각하면,

운동을 다루는 **어려운 동역학 문제**를

힘의 평형(equilibrium)을 다루는, 상대적으로 쉬운 **정역학 (statics) 문제**로 **해결**할 수 있다고 제안하여 유명해진 것이다.

현재 있는 **정의**를 약간

변형하여

유연한 논리적 사고로

새로운 방법론을 제시한

창의성의 예

이와 같이

약간의 **식 변형**으로부터

새로운 개념을 **창출**한 **예**

저자들의 연구분야에도 있다.

결론이다.

창의성은 어디서 오는 것일까?

유연한 논리적 사고에서

즉,

논리적 사고의 유연성으로부터 온다.

창의성을

얻을 수 있는

방법은?

창의성의
모식도

그 답은 쉽다!

왜?

창의성이 오는 곳 알았으니까!

즉,

논리적 사고의 유연성에 이르는 방법

찾으면 된다.

어떤 방법을?

어떻게 찾는데?

답을 요약하여 [그림 1]

창의성의 모식도로

나타내 두자.

창의성의 모식도

설명해 두면,

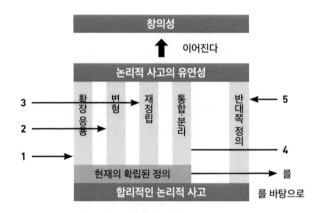

그림 1 창의성의 모식도

합리적인 논리적 사고를 바탕으로

현재의 확립된 정의를

1. **확장 응용,**

혹은   2. **변형,**

3. **재정립,**

4. **통합·분리**

하는 방식으로

또는   5. **반대쪽 정의**

(**역발상(逆發想)**)과 비슷하나 꼭 동일한 것은 아니다)를 함으로써,

유연한 논리적 사고를
할 수 있으며,
이것이 **창의성**에
이어진다.

지금까지 설명한 **창의성의 예**들을 적용해 보면
[그림 2]와 같이 된다.

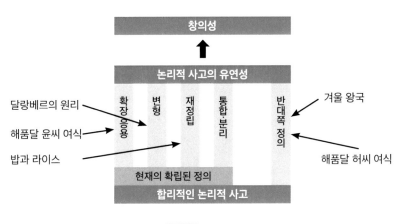

그림 2 창의성의 예

스티브 잡스의
애플사
창의성

스티브 잡스(Steve Jobs)가 설립한 **애플(Apple)사**는 **창의적인 제품**과 **창의적인 철학**으로 유명하며, 현재도 최고의 기업으로 명성이 높다. 생전의 스티브 잡스의 예를 적용해 보면 [그림 3]과 같이 된다.

iPod(아이팟)은, 이전의 워크맨(Walkman)과 같은 포터블 카세트플레이어, 포터블 CD플레이어를 대체한 디지털 MP3 플레이어에, 간편한 클릭 휠(click wheel)과 대용량 저장 공간을 추가하여 곡 관리를 편리하게 하고, 곡 구매까지도 가능하게 한, 애플사가 개발한 일종의 MP3 플레이어이다. **MP3 플레이어의 확장 응용**으로 볼 수 있다.

iPhone(아이폰)은 이미 있던 **휴대전화를 확장 응용**한 것으로, 휴대전화에 **카메라, 무선 인터넷, 터치스크린 방식** 등을 **통합**한 스마트폰이다.

iPad(아이패드)는 **핸드폰**과 **노트북**을 **통합**하고, 이전의 **태블릿 PC의 변형**으로 볼 수 있다.

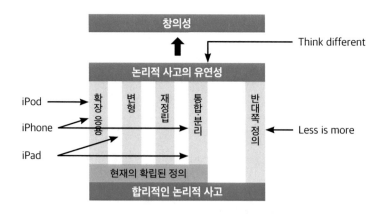

그림 3 스티브 잡스의 애플(Apple)사 예

스티브 잡스의 창의적인 설계 철학의 하나는 'Less is more' 즉 '적은 것이 많은 것이다.' 이로부터 **'단순함이란 궁극의 정교함이 다'**(원래 레오나르도 다빈치의 말이다)가 있다. 이것은 **반대의 정의**에 해당한다. 스티브 잡스가 건축 디자인 철학으로부터 얻은 것이다.

또 하나 유명한 **'Think different'** 즉 **'다른 것을 생각하라'**는 스티브 잡스의 **논리적 사고의 유연성**을 강조하는 철학에 해당한다. 이 표어는 광고 크리에이티브 디렉터 Lee Clow와 그의 팀이 만들어 낸 것이다.

이와 같이 **스티브 잡스**의 **창의성**은 이미 **있었던 것**, 또는 **부탁**하여 **얻어낸 것**들이 많다.

부언해 두면, 안타깝게도 스티브 잡스 사후, 애플(Apple)사에는 창의성이 보이지 않는다.

학교에서
가르쳐야 할
진정한
창의성

[그림 1]의 창의성 모식도에서

합리적인 논리적 사고 위에 **확립된 정의**는

원리(principle) 또는 **법칙(law or rule)**

이라 불린다.

잘 아는 **과학적 원리**의

간단한 응용 또는 **확장**이

대단한 창의성으로 이어지는 경우가 많다.

예1: 영화 **The Red Tent**(1969년 제작)에서 감탄했던 장면

1928년 북극점을 탐험한 이태리 비행선(airship)

'이탈리아(Italia)'의 추락과 그 후의 인명 구조 활동을 다룬

실화(實話) 영화 The Red Tent에서

(1969년 제작으로, 1970년 일본 상영, 한국에는 수입되지 않았음)

1928. 5. 24. 비행선 이탈리아호가 북극을

　　　　　　　　　　　탐험하여 북극점을 통과한 후,

　　　　악천후로 귀환 도중 추락

　　　무선기 저항 하나가 파손,

　　　　　통신 불가능하게 되었으나

　　한 대원의 **창의성으로 문제 해결**

　　　　　　　S.O.S 송신, 구조 활동 개시

1920년대의 무선기는 진공관 회로의 형태였으며, 저항기도 지금과는
다른 형태의 것

다음과 같은 내용이다.

대원1: **저항**이 **무엇으로** 만들어져 있나요?

대원2(통신 장교): **탄소(carbon)**, 분말 탄소(powdered carbon)로요.

대원1: **흑연(graphite)**이네. 누가 **연필** 갖고 **있나요?**

선장: 여기

　　　대원1은 종이에 연필로 칠을 하고, 저항으로 사용하도록 하여 문제를 해결.

창의성 도출 과정

주위에서 흔히 볼 수 있는

　　　　　　탄소의 대표적인 물체는?

　　　　　　　　　　　　흑연이다.

　　　　흑연으로 만들어진 흔한 물건은?

　　　　　　　　　　　　연필 심이다.

　　　　정말로 **간단한 과학지식**의 **응용**이다.

이미 강조한 바와 같이,

창의적인 것은

논리적!

이 아니면 안 된다.

논리적인 것은

잘 생각하면

누구라도 쉽게

순리적으로

얻을 수 있는 것이다.

이러한 것이 　　　　　　　　　　　　**참지식**이다.

특히,

학교에서 가르쳐야 할 **진정한 창의성**이다.

이하의 예는 조금 전문적일 수 있으나, 이해하기 그다지 어렵지
않을 것이다.

예2: **간단**한 **원리**의 **응용**이

　　　　　궁극적으로는 **대단한 성공**에 이르나

　　　　　　초기에는 **전문가**에 의해 **부정**되었던

　　　스트레인게이지(strain gage)의 발명

　　　　　금속선이 늘어나면, 즉 **길이**가 **증가**하면

　　　　　　그 금속선의 **전기저항**이 **증가**한다는

　　　　　　　　간단한 원리가 있다.

　　　　지금은 **초등학교**에서도 가르치고 있을지 모르겠다.

[1856년 Kelvin이 발견한 원리, 좀 상세하게는 저항 $R = \rho$(저항률)·l(길이)/
S(단면적)]

이 **원리**를 사용하면,

물체에 **금속선**을 **부착**하고 **저항**을 **측정**하면

　　물체가 **변형**하거나 **힘**을 받았을 때,

　　　그 변형이나 힘을 **알 수 있다**는 것이 된다.

현재 **스트레인게이지**는 대체로 다음과 같은 형태로 제조되며,

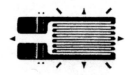

사용이 **간편**하고, **저 가격**이며, **고 정밀도**의 **센서 요소**로,

기계, 구조물 설계 시 수행되는 **응력해석**에 **필수적인 도구**이다.

스트레인게이지는 1930년대에 미국의 **Edwards Simmons**(California Institute of Technology)와 **Arthur C. Ruge**(MIT, Massachusetts Institute of Technology) 교수의 아이디어에 의한 것이다. 1939년 Ruge 교수는 MIT의 특허위원회에 특허를 신청했으나, 전문가인 위원회의 멤버들로부터 별로 유용성을 인정받지 못했다. 그러나 세계2차대전 중, 현재의 NASA(National Aeronautics and Space Administration, 미국 항공우주국)의 전신인 NACA(National Advisory Committee for Aeronautics, 미국 항공 자문 위원회)는 이것을 미군의 군용기 설계 제작에 활용하여 대단한 성공을 거두게 되고, 이 사실을 1943년 Ruge 교수에게 알려준다.

예3:

전기 저항(resistance)을 이용하는 것이 **스트레인게이지**

전기 용량(capacitance)을 이용하면 **용량형 변위측정기**
전기 코일저항(reactance)을 이용하면 **차동변압기**
라는

물체의 움직임(변위)을 **측정**하는 센서를 만들 수 있다.

노래
가사에서의
창의성 예

위와 같은 공학적인 예가 어렵다면,

    창의성을 쉽게 발휘하고

    창의성을 쉽게 찾을 수 있는 분야가 예술·예능 분야

    노래 가사에서 많은 **창의성**

                    찾을 수 있다.

두 개만 소개해 두기로 한다.

예1: 2010년, **창민 & 이현 '밥만 잘 먹더라'**(작사/작곡: 방시혁)

    저작권 문제 때문에 가사를 삽입하지 않으나, 휴대폰으로도 곧
들어 볼 수 있다.

여기서는

　　　실연(失戀)에 대한

　　　　　반대의 정의를 함으로써

　　　　　　삶의 **방법**을 **규정**하는

　　　　　　　창의적인 신선함이 있다.

여기서 중요한 것이,

　　　실연에 대한 **현재 확립**된 **정의**. 즉,

　　　　　가슴 아프고 못 잊고 눈물이 난다는 정의의

　　　　　　절대적 부정은 **없다**는 것

예2: 1980년, **강영숙**의 **'사랑'**(작사/작곡: 백창우)

여기서도 가사를 삽입하지 않으나, 휴대폰으로 한번 들어보시면!

여기서는

      사랑에 대한

          새로운 정의가 **연속**된다.

              정의의 재정립에 의한

                    창의성이다.

창의성을 얻는 방법에 대한 **결론** 다시 한번 정리해 두자.

창의성은

　　논리적 사고의 유연성으로부터 오고

　　　　논리적 사고의 유연성은

　　　　　합리적인 논리적 사고의 바탕 위에,

　　현재 확립된 정의의

　　　　확장 응용, 변형, 재정립, 통합 분리

　　　　　혹은 반대쪽 정의로부터 얻어진다.

특히 반대쪽 정의에 의한 창의성의 예는

　　노벨상 수상 연구, 예술 예능 분야에 대단히 많다.

창의성에

대한

필요조건

합리적인
논리적 사고

이미 강조한 바와 같이

　　　　　　창의성은

　　　　　　　　　　논리적이어야 한다.

즉, 창의성의 모식도 [그림 1]과 같이

　　　　　　합리적 논리적 사고가

　　　　　　　　　　　　바탕에 있다.

합리적 논리적 사고는 어떻게 얻어지나?
지식으로부터 얻어진다.

지식에는 여러 종류가 있으며, 여러 분류 방법이 가능하다.
정보처리(information processing)와 관련하여 알기 쉽게 분류한 예가
있어, 편의상 사용하기로 한다.(D.G. Ullman, The Mechanical Design
Process, McGraw Hill, 1992, p.39) 다음과 같이 3종류로 나누고 있다.

1. 일반지식(general knowledge)

상식적인 지식을 말한다. 살아가면서

다양한 방법에 의해 얻어진다.

2. 전문지식(domain-specific knowledge)

특정 전문 분야에 대한 지식. 이 부류의 지식이 풍부한 사람이

전문가(expert)다.

특정 전문 분야에 대한 교육, 경험에 의해 얻어진다.

3. 절차적(방법론적) 지식(procedural knowledge)

문제 해결을 위해,

다음에 무엇을 해야 할 것인가에 대한

지식(knowledge of what to do next).

일반지식, 전문지식으로부터도 얻어질 수 있으나,

대체로 경험에 의해 얻어진다.

단순한 교육만으로는 얻어지지 않는 중요한 지식.

문제 해결 능력에 크게 영향을 미치는 지식,

능률을 크게 좌우하는 지식.

여기에 **저자들**은 다음의 지식을 부가하여 지식을 **4종류**로 **분류**한다.

4. 작전적 지식(operational knowledge)

앞의 절차적 지식과 대비하여,

다음에 어떻게 해야 할 것인가에 대한

지식(knowledge of how to do next).

문제 해결에서 **가장 중요한** 지식, **성패**를 **좌우**하는 지식.

일반지식, 전문지식의 **바탕 위**에 **경험**에 의해 얻어지는 지식.

합리적 논리적 사고는

비교적 배우기 쉬운 **일반지식, 전문지식**으로부터

얻어진다.

전문지식은 개인에 따라,

주 분야 전문지식과 **주변 분야 전문지식**으로

나눌 수가 있다.

창의성의 모식도는 **다음**과 같은 **형태**가 된다.

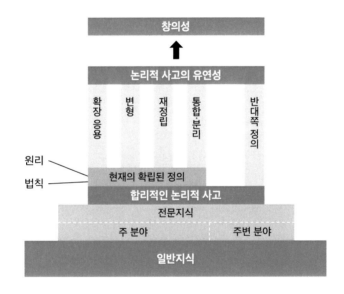

그림 4 창의성에서의 지식

창의성에 대한 필요조건은

많이 알아야 한다는 것

특히 **전문지식**은

창의성에서 매우 중요하다.

전문지식 중, **주변 전문지식**을

개인의 **주 전문분야**에 접목하면

그 **지식이 새롭지 않더라도**

바로 창의성으로 연결되는 경우가 많다.

애플의 **스티브 잡스**가

기술(technology)에 **예술**을 접목하여

성공한 예가 그러한 것이다.

학술 연구의 경우 매우 **그렇다.**

창의성의 정의에서
　　　　동일한 조건에 있는
　　　　　　　다른 사람과
　　　　　　　　　　약간 다른 형태가 되기 때문이다.

또 **전문**지식에서의 **새로운 지식**은 모두
곧 창의성으로 **연결**되기 쉽다.

이 점을 고려하면 다음과 같은 형태가 얻어진다.

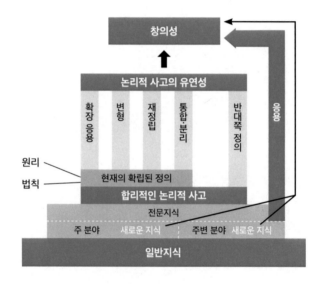

그림 5 창의성의 상세 내용

창의성에 대한 필요조건의 결론

제1차 필요조건은 **합리적인 논리적 사고,**
이것은 **지식**으로부터 얻어진다.
특히 **전문 지식**은 **매우 강력**하다.
무엇보다도 **많이 알아야** 한다.

창의성은

이렇게

다시 정리해 두면,

창의성은
      논리적 사고의 유연성으로부터 오고
          논리적 사고의 유연성은
             합리적인 논리적 사고의 바탕 위에
       현재 확립된 정의의
          확장 응용, 변형, 재정립, 통합 분리
           혹은 **반대쪽 정의**로부터 얻어진다.

합리적인 논리적 사고는
         다양한 **일반지식**과
            깊고 넓은 **전문지식**으로부터
               얻어진다.

더욱 요약하면,

많이 알고(필요조건)

유연하게 논리적으로 생각하면(충분조건)

누구나 창의성을 발휘할 수 있다.

창의성 발휘에는

기회가 필요하다.

특히 힘든 기회가.

모든 기회를 활용하라.

동서고금의 모든 유레카(eureka)

힘든 기회의 산물이다.

모든 것 정의(define)하라.

창의성의 출발점이다.

약간의 정의 변형이

창의성으로 이어진다.

창의성에 대해 고민이 생기거든

[그림 5]의 **창의성 상세 내용**과

위의 **'창의성은 이렇게'** 부분을

보고 또 보고,

읽고 또 읽자!

반드시 결과가 얻어질 것이다!

지금 세상은
시간이 없다!

———

하루 하루 모두가 바빠지고 있다. 교수도, 학생도, 직장인도, 주부도, 어린 애들까지도! 이전에 비해 더, 아니 별로 생산적인 일을 하는 것도 아닌데 말이다. 요구하는 것이 너무 많아져서 그렇다. 별로 중요하지도 않고, 경우에 따라서는 본질과 모순되는 것까지, 그중 하나가 창의성일지도 모르겠다. 창의성에 대해 고민하는 사람, 특히 학생들이나 직장인들이 많다. 그래서 열심히 노력들 한다. 관련 책을 읽고, 훈련도 받고, 그런데 고민이 해결되었다고 하는 사람이 별로 없다. 적어도 KAIST 학생 중에 "교수님! 창의성이 필요하시면 저한테 말씀

하십시오. 저가 해결해 드리겠습니다."라고 한 학생은 불행하게도 본 적이 없다. 창의성이라는 것이 원래 그런 것이다.

이 책의 내용은 원래 창의성에 대해 고민을 하거나 신경 쓰인다는 KAIST 대학원 학생을 위해 강의를 했던 내용을 담은 것이다. 창의성에 관한 책은 무수히 많다. 그런데 창의성에 관해 관심이 많은 저자들도 이러한 책을 별로 읽지 않는다. 내용이 수백 쪽(세자리 수)에 달하는 것이 많아, 바쁜 이 세상에 어느 세월에 다 읽고 내용 숙지하고, 내용이 또 쉽지도 않을 것 같고, 거기에 응용이 가능하랴 처음부터 별로 효과를 기대하지 않기 때문이다. 비슷한 생각을 하는 일반 독자 들도 많을 것이다.

지금 세상은 가장 중요한 본질적인 것을 단순 명쾌하게 짧은 시간에 전달하는 것이 무엇보다도 중요하다. 너무 할 일이 많으니까. 그래서 이 책은 내용 분량, 페이지 수가 B5 용지로 두 자리 숫자 이내가 되도 록, 그리고 읽는데 서서 몇 십분 정도로 끝나도록 만들어졌다. 책은 읽는 데 부담이 되면 재미가 없다. 그래서 이해하기 쉬운 내용을 중 심으로, 꼭 필수적이라 생각되는 예들만을 쓰고, 저자들이 특히 꼭 전하고 싶은 내용은 마지막 이 부분에 모았다. 그래서 이 마지막 부분은 안 읽어도 되도록 되어 있다.

진정 창의성 있는 사람은
창의성을 입에 담지 않는다

저자들 같이 대학에서 오랜 기간 교육, 연구에 종사하다 보면 창의적인 교수, 연구자, 경우에 따라서는 학생들도 많이 볼 것 같은데, 실제는 그렇지가 않다. 하나는 대학교수라는 기본 기준이 높기 때문에, 보통 사람이 창의적이라 평가하는 경우에도 그렇게 보이지 않을 수가 있기 때문이다. 그저 같은 세상에 사는 보통 사람으로 보인다는 것이다.

그래도 저자의 한 사람은 정말 창의적인 교수를 지도교수로 학위를 받을 수 있었고, 그리고 일생 가깝게 지켜 볼 수 있어, 연구 대상으로도 삼을 수 있었던 행운이 있었다.

이 책의 본문에서도 강조했듯이 창의성은 원래 논리적이기 때문에 누구나 잘 생각하면 이해가 가능하고, 또 그러한 창의성을 흉내내어 발휘 실현할 수도 있다. 좋게 말하면 innovation(혁신)을 할 수가 있다.

지도교수님의 많은 창의성 중 대부분은, 경우에 따라 이해가 쉽지 않은 것도 없지 않았으나 최종적으로는 충분히 이해가 가능했고, 또 만약 지도교수님이 아니었으면 곧 몰랐을지 모른다 해도 같은 분야에서 오래 연구를 하고 있으면, 충분히 독립적으로 같은 창의적인 생각을 해낼 수도 있으리라 생각이 들었다. 실제 더 좋게 innovation도 하여 지도교수님보다 더 좋은 결과도 얻을 수가 있었다.

그러나 단 하나, 너무나 간단한 쉬운 통계학의 원리를 이용한 창의성만은 저자의 한 사람이 10번 죽고 나도 결코 머리에 떠오르지 않으리라 생각되는, 그러한 대단한 창의성을 가진 지도교수님이셨다. 그러나 본인은 그것조차 대수롭지 않게 생각했다.

그러나 지도교수님은 창의성이라는 단어를 사용한 적이 한 번도 없고, 지도학생들에게 창의성을 요구한 적도 한 번도 없었다.

진정 창의성이 많은 사람은 결코 다른 사람에게 창의성을 요구하지 않는다. 그럴 필요가 없다. 창의성이란 자신에게는 너무 흔하고 쉬운 것이기 때문이다. 자신의 창의성을 어떻게 실제로 구현하느냐 하는 것에 모든 관심이 집중되어 있을 뿐이다.

만약에 독자 중에 직장의 상사가 또는 연구실의 지도교수가 창의성! 창의성! 하면, 그분들이 한두 가지 창의성이 있는 일을 했을지 모르나 진정 창의성이 많은 사람은 아니라고, 그저 자신하고 비슷한 사람이라고 안심하고 편하게 가자.

이렇게 생각하면서, 창의성에 관하여 강의도 하고 책도 쓰는 저자들은 정말로 쑥스럽다!고나 할까?

창의성은 머리의 기억 속에 쳐 둔
관심이라는 그물에 걸리는 것

___

무언가를 발견했을 때 외치는 단어인 **유레카**(eureka, 찾았다! 또는 알았다!)는 **아르키메데스**가 사람이 욕조에 들어가면 물이 차오르는 것을 보고, 왕관의 황금 순도 측정법을 발견했을 때 외친 함성이라 되어 있다.

아르키메데스가 목욕을 그때 처음으로 하여 그 현상을 처음으로 봤다고 생각하는 사람은 한 사람도 없을 것이다. 그때까지 목욕을 하여 물이 넘쳐 나는 것을 수없이 봐 왔을 것이다.

그런데 어째서 그때 하필 그러한 창의성에 도달했을까?

그때 아르키메데스는 왕의 명령으로 왕관의 순도를 확인할 방법을 찾지 않으면 안 되는 상황이 돼서, 모든 관심이 거기에 쏠려 있었을 것이다. 머리 속은 온통 그 문제뿐이었을 것이다. 자나깨나 그 생각뿐이었을 것이다. 이러한 상황은 머리 속 기억 속에 촘촘히 문제 해결이라는 세밀한 그물을 치고 해답을 기다리는 것과 같다. 그때 지금까지는 하찮았던 현상이, 그 그물에 걸려 해답에 결정적인 현상으로 승화되었다고 생각하면 이해하기 쉽지 않을까? 창의성은 결코 불현듯 나타나는 것이 아니다.

이러한 현상은 쉽게 경험할 수 있을 것이다. 책의 본문에 실린 창의성에 관한 많은 예들은 저자들이 창의성에 관한 강의를 위해, 또는 저서 집필을 위해 일부러 어느 날 갑자기 모으려 해서 모은 것이 아니다. 그저 우연히 저자들의 창의성이라는 관심의 그물에 걸려들어, 당시는 특별한 목적도 없이 오랜 기간에 걸쳐 모아진 것이다.

KAIST 기계과의 대학원 강의 '연구방법론'에서는 최종 과제로, 수강 학생들이 연구와 관련하여 자신이 직면하고 있는 어려운 문제나 고민하고 있는 문제를 강의 수강을 통해 어떻게 해결했느냐를 발표하도

록 했다. 어느 한 학생의 발표가 인상적이었다. 내용은 이렇다. 자신이 해결해야 할 어떤 연구 문제를 심각하게 고민하고 있었는데, 어느 날 강의에서 교수의 강의 내용의 한 부분이 별로 관련이 없어 보였는데, 마음에 걸려 연구실에 돌아가서 잘 생각하고 검토해 보았더니 바로 해결책으로 이어졌다는 것이다. 감탄했다. '이 놈 봐라. 자기 문제의 그물을 잔뜩 치고 있었구나.' 장래가 기대되네 생각했다.

해결할 문제가 있으면 창의성이 필요한 문제가 있으면, 그 문제 해결의 그물을 관심의 그물을 머리 속 기억 속에 촘촘히 세밀하게 쳐 두자. 그리고 모든 기회에서 걸려드는 것이 없나 주의 깊게 살피자!

창의성이
성공하기 위한 조건은?

―――――

창의성이 훌륭한 것이 곧, 언제나 그리고 반드시 성공한다는 것은 아니다. 본문의 디젤엔진의 비극이나 비운의 FM 방송 발명가 에드윈 하워드 암스트롱의 예와 같이 슬픈 결과가 되는 경우도 많다.

창의성이 성공하기 위해서는 또 다른 요소, 조건이 필요한 것이다.

이 책의 주 명제는 창의성이기 때문에 이 부분에 대해서는 언급하고 있지 않으나 KAIST 기계과의 대학원 강의 '연구방법론'에서는 이 부분을 더 중점적으로 다루었다. 장래 이 부분을 소개할 기회가 있으면 좋겠다.

찾아보기 INDEX